अनुभूतियाँ

Anjana Srivastava

BookLeaf Publishing

India | USA | UK

Presentation by *BookLeaf Publishing*

Web: www.bookleafpub.com

E-mail: info@bookleafpub.com

ISBN: 9789360949013

First edition 2024

सत्य

अडिग है, अमिट है,कठिन है,

कितना दुष्कर, कितना दुर्गम,

रोता है, तड़पता है, जूझता है

फिर भी अडिग है।

तू संघर्ष है, तूफ़ान है,

जीवन में समर की बाढ़ है।

जूझकर तुझसे जीना

दुष्कर है, दुर्लभ है,

लड़ता है जो तेरे समर में, प्रस्तरों का प्रहार सह,

जीतता है वह, विजेता है वह

पहनता है वह मुकुट

जीवन समर का सरताज बन

जगत का दीपदान बन

करता है उजियारा हर पाठ, हर शहर का

अभिमान बन।

कौन है वह ?

सत्य है वह, सिर्फ सत्य है वह,

महान है, अमिट है,

दुष्कर है, अत्यंत कठिन है,

पर सबकी मिसाल है वह,

तपकर कसौटियों पर सबके गले का हार है वह

सत्य है वह सिर्फ सत्य है वह सत्य है।

मानवीय चेतना के प्रति एक आह्लान

रब ने भेजा है मनुज को, शोषण का संहार करने को

ना कि, शोषित सा शोषण सहने को,

नहीं मानते हम उन सामाजिक विषमताओं को

जो रोकती हैं, हमारी आशाओं को,

सहते हैं हम विसंगतियाँ समाज की

विषमताएं, अवहेलनाएँ

अनायास ही शोषित सा हम क्यूँ सिमट से जाते हैं,

स्वार्थों में हम क्यूँ उलझ से जाते हैं,

कहती हैं बाधाएँ........ठहर जाओ!

और हम ठिठक भी जाते हैं....

क्या यही है हमारा साहस?

हम बहादुरों सी चीत्कार क्यूँ नहीं करते, क्यूँ नहीं कह सकते कि,

अरे! विसंगतियाँ.........

हम नहीं, तुम ठहर जाओ,

मेरी राह में रोड़े मत अटकाओ।

हम सत्य हैं यथार्थ हैं, हम कभी नहीं डरते।

जब परमार्थ है करना, तो संघर्ष से क्या डरना,

मानव जीवन ही क्या,

औरों के लिए कुछ भी ना कर सका।

हम सत्य हैं, यथार्थ हैं,

हम कभी नहीं डरते, हम कभी नहीं मरते

स्वार्थ की संकीर्णताओं में हम क्यूँ सिमट जाते हैं,

झूठ और फरेब से हम क्यूँ नहीं लड़ पातें हैं?

रब ने भेजा है मनुज को शोषण का संहार करने को,

ना कि शोषित सा शोषण सहने को।

पीड़ा

धरती तो है सबकी माँ, हृदय है उसका अपरंपार,

पलती, इठलाती दुनिया सारी

है महान ये धरती हमारी।

है कठोर कोई कितना भी,

पर दिल तो सबका होता है, दुःख पर जो मन ही मन

रोता है।

आँसू जो दिख जाए सबको

तो कहते हैं, बेचारा कितना रोता है,

अहसास नहीं लोगों को उसके अंतस की पीड़ा का,

जो अंदर ही अंदर रोता है, तड़प-तड़पकर रोता है।

पत्थर धरती पर पलते, चट्टानें ही इतराती हैं,

ऊँचा महान पर्वत भी धरती पर शान दिखाता है।

है महान कितनी भी धरती पर उसके अंतस में भी

पीड़ा है।

सह अन्याय और क्रूर की वर्षा

उसका मन भी रोता है।

झल्लाती है वह भी, आक्रोश कभी दिखाती है,

भूकंप और तूफानों से वह,

अपना क्रोध जताती है।

नहीं समझता मानव फिर भी, उसे रौंदता जाता है।

अज्ञानी सा वह अन्याय दिखाता जाता है।

नहीं है उसको, धरती माँ की पीड़ा का अहसास कभी

जिस माँ की गोद में वह लेता जीवन की साँसे अपनी,

तड़प-तड़पकर वह साँसे लेती, अंदर ही अंदर घुटती जाती है,

पलट देती है वह भी पलड़ा, जब वह तंग आ जाती है।

नहीं चलती है तब मानव की, जब वह आक्रोश दिखाती है।

तहस-नहस हो जाता है सब, जब वह अपना कहर ढाती है।

फिर भी मानव ने समझा है कब,

अपनी मनमानी करता जाता है।

है महान कितनी भी धरती, पर उसके अंतस में भी पीड़ा है।

उसके सीने में भी दिल है,

दुःख में आँसू बन जो गिरता है।

पर हम तो हैं मिट्टी के पुतले,

कैसे थामे इन कष्टों को।

मेरा भी तो एक दिल है, जो मन ही मन यूँ रोता है,

करें कठोर कितना भी उसको, महान धरती भी तो रोती है,

नहीं सिमट पाता है सब दुःख इस अंतस का,

कैसे थामूं अपने दिल को मन ही कुछ ऐसा घबराता है।

गिरते आँसू तो सबने देखे, पर अंतस की तो थाह नहीं।

हर दिन दिल में है एक आस बंधी

पर नहीं है दिखती आस कोई,

जीवन क्या ऐसे ही गुज़रेगा,

कहीं तो कुछ भी संभलेगा

पीड़ा तो पीड़ा बनकर ही सबको पीड़ित करती है

हम तो हैं मिटटी के पुतले

कैसे रोकूँ अंतस की पीड़ा को,

हंसूं और इतराऊं कितना भी

पर अंतस तो मन ही मन रोता है।

कहूँ और समझाऊं किसको, इसकी ना ही कोई सीमा है

हम तो हैं मिट्टी के पुतले

कैसे रोकें अंतस के उद्गारों को

है महान कितनी भी धरती

पर उसके अंतस में भी पीड़ा है ....।

माँ का आँचल

हे मेरी जन्मदात्री अनुपम माता
है पावन मनभावन मेरी माता।
स्नेहसिक्त है अंतस माँ का
नहीं है कोई हृदय माँ के जैसा,
अति निर्मल तेरे आँचल जैसा।
उज्जवल ज्योति जलाने वाला,
जीवन में उन्नति लाने वाला,
ऐसा है आशीर्वचन माँ का,
हृदय कर दे पावन तनया का,
हे प्राणदायिनी! अनुपम माता,
है पावन मनभावन मेरी माता।
हे माँ! दो ऐसा अमिट आशीर्वाद

करती रहूँ जीवन भर तेरा धन्यवाद।
जीवन में ऐसा कुछ कर पाऊँ
मरकर भी जग में जी पाऊँ
तेरी विदुषी कन्या कहलाऊँ।
है अभिलषित ऐसी मनोधारणा,
हे प्राणदायिनी, हे मेरी जन्मदात्री
आँचल में तेरे मैं जब छिप जाऊँ,
सारे जग की खुशियाँ पाऊँ,
हे माँ! तुम हो विघ्ननाशिनी
हे जननी! तुम हो स्नेह दात्री।
अक्षों में जब बहे अश्रुधारा,
धो देती स्नेह से दुःख सारा।
पढ़ लेती मेरे मन की अभिलाषा,
पग-पग पर मेरे मन को देती आशा।
मन को क्षण-क्षण बहलाने वाली,
ममता प्यार की छाँव दिलाने वाली।
जब डगमग होती मन की धारा,
तुम देती संस्कारों की धारा।

रोम-रोम है पुलकित होता,
मन का कण-कण झंकृत होता
ऐसा है तेरा परम प्रेम, हे प्राणदायिनी
तेरा अद्भुत प्रेम।

हे अम्बे माँ! जगत जननि,

दो अटूट शक्ति इस अंतस में,

भर दो अपार शक्ति इस कण-कण में

मैं मन को प्रेरित कर पाऊँ,

जग में कुछ ऐसा कर पाऊँ

जिस से जग में मरकर भी जी पाऊँ।

माँ तुम मेरी अमूल्य रत्न सरिता हो,

'अंजु मन' की विशिष्ट कविता हो,

हे अम्बे माँ! मेरी अनुपम माता,

सुन लो मेरे मन की गाथा।

है उन्मुक्त तुम्हारा आँचल,

मन को चैन दिलाता आँचल,

है मेरी अटूट कामना ऐसी

है अटूट धारणा ऐसी,

जग के तृण-तृण में बस जाऊँ

ऐसा कुछ जग में लिख पाऊँ,

ऐ माँ! वरदानों से अभिसिंचित कर दो,

मेरे सपनों को पूरा किंचित कर दो।

सच की डगर दिखा दो माँ,

सच की राह सिखा दो माँ,

सच पग-पग पर झुठलाता है,

हे माँ! ये कलियुग की गाथा है।।

मिथ्या ही आगे बढ़ जाता है।
माँ तेरी तनया यह अति अधीर,
करो ना उसका मन गंभीर,
शक्ति दो सच से लड़ पाने की,
मिथ्या को मार गिराने की,
हे मेरी पावन मनभावन माता,
मेरी जन्मदात्री अनुपम माता।

जब तुम स्मृति पटल पर आती हो।
अंतस को तार-तार कर जाती हो,
हृदय विह्वल-विकल हो जाता है,
चक्षु तुम्हें ढूँढने लग जाता है।
माँ बन जाओ तुम मेरी दिव्य ज्योति,
करो प्रकाशित मन में ज्योति,
मै उन्नति पथ पर चढ़ती जाऊँ,
मै ऐसा कुछ तो लिख पाऊँ,
जिस से जग में मरकर भी जी पाऊँ।
माँ नहीं तुम्हारा कोई सानी,
कहती है ये मन की वाणी,
है ऐसी मेरी सतत कामना,
पूरी कर दो मेरी मनोकामना।

हे माँ! मिथ्या आगे-आगे बढ़कर

तेरे सच को भी झूठलाता है
आ जाओ फिर से धरती पर,
संहार करो इस मिथ्या का।
अविचल क्रम है जीवन का,
अविरल भ्रम है मानव का,
हे भ्रमित -द्रवित तुम जग जाओ,
जीवन में उज्जवल ज्योति जलाओ,
'अंजु मन' बहुत घबराता है,
हे माँ! नज़र नहीं कुछ आता है,
हूँ खड़ी सत्य पथ पर मैं अकेली,
कोई नहीं है साथी सहेली।

हे माँ! तेरी जया, तेरी तनया
झंझावातों से नहीं घबराती है,
बस तनहा-तनहा सी हो जाती है,
तेरी यादों में रोती है।
तुम महा महिमे गायत्री माता
तेरे सिवा मुझे कुछ नहीं भाता,
ऐसी ज्योति जलाओ माँ
बन पाऊँ जग की अमर ज्योति,
ऐसा प्यार दिखाओ माँ।

माँ! यह कैसी विकल बिडम्बना
तुम परलोक की परम वासिनी,
फिर भी मेरे आसपास ही रहती हो,
हे माँ! तुम ऐसी प्रेमदायिनी।
माँ जब दुःख मुझ पर आता है,
मन तड़प तुम्हें बुलाता है,
तब होती प्रकट तुम्हारी प्रतिमा,
ऐसी अप्रतिम तुम्हारी महिमा।

ऐसी है माँ तेरी ममता,
नहीं है कोई उसकी समता,
ऐसा अद्वितीय अंक तुम्हारा,
अद्भुत था वह प्यार तुम्हारा।
हे जन्मदात्री अनुपम माता,
पावन मनभावन मेरी माता,
दे दो आशीर्वाद तुम्हारा
पावन हो संसार हमारा।

जीवन

जीवन का क्या मतलब है, अब तक ना जाना समझा है,

सुख है तो सुखमय जीवन, दुःख है तो दुखमय जीवन, ऐसी ही परिभाषा है।

है उथल-पुथल कुछ जीवन की ऐसी,

संभलेगी ना धरती जैसे,

नहीं है भाता अब तो कुछ भी, नहीं सुहाता अब तो पथ भी,

ऐसे जीवन का भी क्या मतलब है?

जग कहता है एक भगवन है, जो सबकी सुन लेता है,

ना आस रही ना विश्वास रहा,

भगवन भी जो किसकी सुनता है।

जीवन का क्या मतलब है..........

था एक तारा जो डूब गया, था एक साथी जो छूट गया,

जीवन का सपना टूट गया, वह सब अपनों से दूर

गया।

नहीं है लगता अपना कोई, नहीं है दिखता रास्ता कोई,

जिसको जन्मा वह भी ना अपना, जिसने जन्मा वह

भी न अपना।

जीवन की फिर क्यूँ आस रही, जीने की फिर क्यूँ चाह

रही,

ऐसे जीवन का क्या मतलब है, जब जीने की चाह

नहीं,

अब तक ना जाना समझा है

जीवन का क्या ....।

झन्झावातों की है हवा चली, किधर उड़े हम कहाँ फिरें,

पतझड़ जो आया जीवन में, अब बगिया की आस

कहाँ,

फूलों की मुस्कान कहाँ?

जीने का क्या मतलब है, जीवन का क्या मतलब........

जैसे ही जीवन में एक आस बंधी, गुज़र गए पल कष्टों

के

बस अब सुख ही सुख आएगा,

पर रही नहीं अब आस कहीं,

छोड़ गए वह साथ हमारा, है रखा क्या अब जीवन में,

जीने का क्या मतलब ....,

कहते थे कि तुम सबसे प्यारी, फिर क्यूँ नहीं सुनी हमारी,

मुँह ऐसे फिर क्यूँ मोड़ गए, मझधार में क्यूँ फिर छोड़ गए,

जीवन का क्या मतलब............

थे वह शक्ति हमारी हरदम, पर अब तो दिल ही टूट गया,

जो चले गए वे मुक्त हुए, जीवन रेगिस्तान हमारा,

सब कुछ अब वीरान हमारा।

ना हवा रही ना हरियाली, नहीं रहा बगिया का माली।

मस्तक की लाली जो छूटी, माथे की बिंदिया भी रूठी,

सब कुछ है पर सौभाग्य नहीं, जीवन है पर भाग्य नहीं,

जीवन में अब कुछ रास नहीं।

जीवन का क्या मतलब है, अब तक ना जाना समझा है।

श्रद्धांजलि (पेशावर काण्ड)

नन्हा सा प्यारा सा, मेरे आँगन का एक खिलौना था,

बड़े लाड़-प्यार से पाल-पोसकर बड़ा किया

पकड़ उंगलियाँ हांथों की, धीरे-धीरे चलना सीखा था।

पलकों पर बिठाकर रखा था,

बाहर से आकर हरदम

माँ-माँ पुकारता था,

प्यारी-प्यारी बातें भी करता था।

पलकें बिछाए बैठी थी माँ ,आँचल फैलाए बैठी थी

लाल उसका आएगा फिर गोदी में खेलेगा।

पर आँखें निहारती ही रहीं,

पलकें भी नहीं झपीं,

नहीं लौटा वो अपने घर,

चीख उठी ममता उसकी,

सूना हो गया घर आँगन।

तड़प उठा माँ का अंतस

मेरा लाल! हाय मेरा लाल!

खो गया, मिट गया

बन हैवानियत का शिकार।

अर्पित है श्रद्धांजलि

उन मासूम, निर्दोष आत्माओं को,

जो नभ के भावी सितारे थे,

माँ की आँखों के तारे थे।

अर्पित है श्रद्धांजलि उन मासूम शहीदों को,

जो मानव की निष्ठुरता और हैवानियत का शिकार हो
गए,

अजर, अमर हो गए, सृष्टि का अमिट इतिहास बन
गए।

शांति मिले, उनकी आत्मा को अपार शांति मिले।

क्या यही है ज़िंदगी

ख़याल भी जो आता है तो, रूह काँप सी जाती है,

छलकती हुई आँखें पूँछती हैं खुद से,

यह क्या हो गई है ज़िंदगी?

जाने वाले जो थोड़ा और ठहर जाते,

थोड़ा सा और जो साथ निभाते,

थोड़ा वे भी जी लेते थोड़ा हम भी हंस लेते,

डर भी लगता है मन भी घबराता है,

हर दर्द सीने में जो छिपा लेते हैं,

हर गम जो पी लेते हैं,

हस्र क्या होगा इस जीवन का, जो बिखर कर

अभी तक ना सिमटा है,

प्रश्न है यह 'अंजु मन' का कि

क्या यही ज़िंदगी है, क्या यही ज़िंदगी है ??

नारी

नारी तुम अबला हो,

नारी तुम चपला हो।

नारी तुम रम्भा हो,

नारी तुम श्रद्धा हो।

तुम हो जननी जगत्धात्री,

तुम हो मानव जन्मदात्री।

हैं तेरे रूप अनेक,

समझ सका न कोई एक।

तुम दुर्गे लक्ष्मी, तुम काली,

हर घर की करतीं रखवाली।

नारी ममता की पहचान है,

नारी अपनत्व की ऊंचान है।

है नहीं कोई तुम्हारा सानी,
कितने हृदयों की तू है रानी।
है तेरा भी अधिकार जहाँ में,
पग-पग तेरा उजियार जहाँ में।
नारी यदि तुम न होती,
धरती इस रूप में न होती।
कभी तू बन जाती बालिका,
कभी तू बनती कृष्ण की राधिका।
बनती कभी सबकी बहना,
बनती कभी सबका गहना।
है उदार हृदय सागर जैसा,
भरती प्यार गागर जैसा।
नारी तू सबला सी बनकर जीती है,
औरों के दर्द हृदय में पीती है।
तेरी दुआ से हर कोई आबाद होता,
तेरी बद्दुआ से हर कोई बर्बाद होता।
जब गिरते हैं तेरे आँसू,
पत्थर भी पिघलाते हैं तेरे आँसू।
अश्रुओं से निकली आह,
करती बरबस उसकी आह।
नारी तुम कितनी भोली हो,
नारी तुम कितनी लोली हो।
सहती झंझावात हालातों को,

रहती अडिग हर बातों को।
पल्लू में तेरे सोया है बचपन,
नहीं भूलता वह पल क्षण।
तू गरिमा है, तू महिमा है,
सारे जहाँ की तू अणिमा है।
की नहीं जिसने तुम्हारी इज़्ज़त,
कभी न पाई उसने उन्नति।
हे नारी! पहचानो खुद को,
है ऐसी शक्ति तुम को।
तानो अपना दामन,
भर दो अपना आँगन।
तुम वीरांगना बहना हो,
शक्ति ही तुम्हारा गहना है।
हँसने का अधिकार तुम्हें भी,
जीने का अधिकार तुम्हें भी।
तुम अधिकारों की अधिकारी हो,
हर शक्ति है, तुममें तुम ऐसी ही नारी हो।
मिटती है तुमसे दुनिया,
बसती है तुमसे दुनिया।
हैं अस्तित्व यह तुम्हारा,
हो गंगा की अविरल धारा।
कितना पावन है तेरा आँचल,
जहाँ छटता कुहरा का बादल।

है सुन्दर सुनहरी काया,
है, हर घर की तू माया।
तेरे पहलू में हैं स्वप्न हज़ारों,
जहाँ ठहरते दिल के हारे।
तू है शक्ति, तू है भक्ति,
ऐसी नहीं है कोई हस्ती।
नारी तू है मधुशाला,
नारी तू है मधुबाला।
नहीं है तेरे जैसी हाला,
पी जाती हर ग़म का प्याला।
हर दिल सुख की छाँव मनाए,
तेरे दिल के प्रांगण में।
नहीं कहीं है मन रमता,
सिवाय तेरे आँगन में।
जन्मदात्री है तू जिसकी,
हक़ जताता है वह तुझ पर।
छीनता है अधिकार तुम्हारा,
हे नारी वह भी तो कैसा न्यारा।
नारी तू सत्या है, रम्या है,
रावण भी न बच पाया,
जब उसने तुम पर कहर ढाया।
मिटा दिया उसे पलकों के आंसू ने
रचा डाला इतिहास तेरे मन की साँसों ने।

इंसान बन के देखो

खुश होगी सारी दुनिया, तुम होंगे सबके प्यारे

झूठों के इस जहाँ में, सच बोलकर तो देखो।

जीता है इस जहाँ में, हर कोई खुद की खातिर,

औरों के लिए जीकर, इक बार तुम तो देखो।

आए हैं सब अकेले, जाना भी है अकेले,

रह जाएगा यहीं सब, क्या जाएगा तू लेके।

किस चीज़ का है लालच, किसका है खौफ़ तुमको।

मालिक है एक सबका, विश्वास करके देखो।

हो सिक्ख, या हो मुस्लिम, हिन्दू हो या ईसाई।

हम फूल इस चमन के, आपस में सब हैं भाई-भाई।

मिट जाएगी ये दूरी, झगड़े भी खत्म होंगे।

तुम भेद जाति का गर, दिल से मिटाकर के देखो।

चारों तरफ़ है फैला, अज्ञान का अँधेरा।

हैं लोग इस भँवर में, मिलता नहीं किनारा।
मिट जाएगा अँधेरा, अज्ञान का जहाँ से।
इक दीप ज्ञान का तुम, मन में जला के देखो।
सबलों के संगी सब हैं, है जिनके वश में सत्ता।
कर थाम ले गरीब का, कोई नहीं है ऐसा।
देगी मिसाल दुनिया, होगा न तेरा शानी।
बन रंक के मसीहा, एक बार तुम तो देखो
इंसान हो रहा है इंसानियत से खाली,
छाई हुई है मन पर, पशुता की घटा काली।
खुशहाल होंगे हम सब, जन्नत बनेगी धरती
मज़हब पे लड़ने वालों, इंसान बन के देखो।

मनुज

हे मनुज! सुधर जाओ, सुलझ जाओ, वक्त है संभल जाओ,

सभ्यता और संस्कृतियों में फिर लौट आओ।

सुख है, शांति है, अमन है, चमन है, गर मन में लगन है।

मानव तुम सृष्टि में सुन्दरतम, समर्थ हो, सक्षम हो,

धरती पर तुम विरल हो।

पोंछ लो बहते आंसुओं को, मिटा दो भूख तड़पते पेटों की,

कर दो शिक्षा पूरी अनाथ बेटों की।

छीनकर भी क्या तुम्हें कुछ मिला है कभी,

क्षणिक सुख का सिर्फ एहसास ही है,

सब छोड़कर तो जाओगे यहीं,

भुगत भी पूरा पाओगे नहीं।

सोच लो, समझ लो,

जीवन का मूल है बस यही,

न कुछ था हमारा, न रहेगा,

जैसे आए थे प्रस्थान होगा वहीं,

बाँट दो, ले लो स्नेह-अपनत्व की दुआ,

जीवन भी फिर भला मिलेगा कदा।

उलझन

बैठी यूँ ही कुछ सोच रही थी,

मन भी कुछ उदास सा था

पलट रही थी अतीत के पन्ने,

ऐसा ही कुछ एहसास हुआ

जाने-अनजाने में कह डाले अन्तस के उद्गार सभी,

ऐसी ही कुछ गुस्ताखी कर दी जिसकी मैं हकदार

नहीं।

नहीं पता यह सब क्या है, शायद रब की भी यह मर्ज़ी

है।

बातों ही बातों में यूँ ही कुछ बंधती चली गई,

खुद को भी नहीं पता चला,

दिल रोया तब एहसास हुआ, नहीं समझ सकी मैं यह

सब,

रब ने भी क्या चाल चली।

किस्मत के कोरे पन्ने पर वो भी क्या लिखने वाला है,

नहीं मिला है उत्तर अब तक वो भी क्या करने वाला है।

आओ नया समाज बनाएँ

आओ नया समाज बनाएँ, इस धरती को स्वर्ग बनाएँ।
जाति-पांति के भेद मिटाएँ, अपनेपन की कड़ियाँ
जोड़ें।
मानवता को गले लगाएँ, आओ नया समाज बनाएँ।
इस धरती का कण-कण चन्दन, करें इसे हम शत-शत
वंदन।
मिल-जुल कर आगे बढ़ने का सबके मन में भाव
जगाएँ।
आओ नया समाज बनाएँ।

नहीं करें हम बैर किसी से, ईर्ष्या द्वेष को दूर भगाएँ,
ऊंच-नीच का भेद मिटाएँ, ऐसा विशाल हृदय बनाएँ
आओ नया समाज बनाएँ।

धरा सभी की गगन सभी का, यही प्रेम संदेश सुनाएँ,
हर बालक को देव बनाएँ, प्रेम शांति का पाठ पढ़ाएँ।
आओ नया समाज बनाएँ।

स्नेह-प्रेम की बेल लगाएँ, घर-घर ऐसी ज्योति जलाएँ,
बनें हम अपने भाग्य विधाता, आओ ऐसी अलख
जगाएँ,
आओ नया समाज बनाएँ।

एक दूसरे के सुख-दुःख में, बैठें मिलकर हाथ बढ़ाएँ,
हिंसा को हम दूर भगाएँ, भारत की संस्कृति अपनाएँ।
आओ नया समाज बनाएँ, एक नया संसार बनाएँ,
इस धरती को स्वर्ग बनाएँ, आओ नया समाज बनाएँ।

सत्य अहिंसा को अपनाएँ, मन के सारे भेद मिटाएँ,
भारत माता के सपूत बन, नवजीवन की अलख
जगाएँ,
आओ नया समाज बनाएँ।

मेरे प्यारे बच्चों

बच्चों! अब तुम बड़े हो गए हो,

नए ज़माने में भी जी रहे हो।

तर्क-वितर्क की अब तुम में क्षमता है,

हम सबको ऐसा ही कुछ लगता है।

बच्चों अब तुम बड़े हो गए हो।

जानती हूँ कि ज़माने के साथ आगे बढ़ना है,

पर बड़ों की सीख को भी मान लेना,

अपनी ज़िंदगी खुशहाल कर लेना।

संस्कारों को कभी मत भूलना,

परिवार की परंपरा को तुम कभी मत तोड़ना।

चलना सलीकों की लीक पर,

बड़ों और माता- पिता की सीख पर।

मेहनत, सच्चाई और ईमानदारी ही असली शिक्षा है,
बड़ों की दी हुई एक दीक्षा है।
बच्चों कभी शोहरत और पैसों पर अभिमान मत
करना,
बड़े होने का दर्प मन में मत भरना।
विनम्रता और शालीनता ही असली गहना है ,
परिवार ही असली भाई -बहना है।
गलत कुछ हो गया तो खुद को संभाल लेना,
जीवन सुख-दुःख की परछाई है मान लेना।
कठिनाइयों को भी सीने पर उतार लेना।
संघर्षों को भी तुम जान लेना।
ज़िंदगी बहुत खूबसूरत है, जी भरकर तुम जी लेना,
पर गलत राहों पर कभी तुम मत चलना।
शिक्षा और संस्कारों को भी खूब अपना लेना ,
सफलता की ऊँचाइयों को भी छू लेना।
गिर रहा हो कोई तो उसे भी उठा लेना ,
ज़रूरतमंदों का भी हाथ थाम लेना,
बस धरती पर सबको प्यार ही प्यार बाँट देना।
जीवन के असली तथ्यों को तुम खूब जान लेना,
मन में बसे उद्गारों को भी, अपनों में बाँट लेना।
बच्चों अब तुम बड़े हो गए हो,
अपने पैरों पर खड़े हो गए हो।

उन्नति करो, आगे बढ़ो, बड़ों का हमेशा आशीर्वाद
लेना,
बच्चों ....सारी ज़िंदगी खुशहाल रहना।
अपने आस-पास भी खुशियाँ बाँट देना।
बच्चों अब तुम बड़े हो गए हो।

अनुभूतियाँ

कौन कहता है कि ज़िंदगी आसान होती है, खुशहाल
होती है,

सिर्फ वे ही जिन्हें संघर्षों ने छुआ तक नहीं।

मैंने देखा है ज़िंदगी को, उम्र के उस पार तक, सागर
की गहराइयों सी,

जहाँ सांसें रूकती हैं, थमती हैं, उफनती है ज़िंदगी।

जीने की ऊहापोह में जूझती, उतरती, टूटती सी नज़र
आती है ज़िंदगी,

बहुत ही बारीकियों और नज़दीकियों से ज़िंदगी के
बिखराव को देखा है।

कौन कहता है ज़िंदगी ....।

जब वह बिलकुल अकेली होती है, बिलखती होती है।

लोग कहते हैं दुनिया है बड़ी, कहाँ हो तुम अकेले,

पर भीड़ भरी इसी दुनिया में उसे अकेले ही तड़पते,
बिलखते देखा है।
कौन कहता है ज़िंदगी
....।
उम्र भी नहीं उतनी, जितनी गहराइयों से ज़िंदगी के
हर मोड़ को देखा है।
अनुभूतियों के इस सफ़र में कहीं खो ना जाए ज़िंदगी,
जाने क्यूँ अब तक
पलकों पर सिर्फ आंसुओं को ही ढलकते देखा है।
कौन कहता है ज़िंदगी ....।
नहीं है अब चाहत और कोई जनम पाने की, इसी
जनम में सब कुछ खोते हुए देखा है,
बेबस सी ज़िंदगी ने ज़िंदगी से ज़िंदगी का साथ छोड़ते
हुए देखा है।
कौन कहता है ज़िंदगी
....।

(दुःख ऐसा भी)

बचपन की दहलीज़ पार कर, थोड़ी बड़ी ही हो रही थी कि,

माँ ने अपना दामन छुड़ा लिया, मैं चीखती-चिल्लाती रह गई,

उसे पुकारती ही रह गई, रोती, सुबकती, सिसकती सी,
सिरहाने को गीला करती, उसकी तस्वीर को जहाँ में निहारती ही रह गई।

वो कभी फिर लौटकर ना आई, ना ही फेरा मेरे सिर पर अपना हाथ,

मैं उसे इस जहाँ में ढूंढती ही रह गई,

कितनी प्यारी थी वो, सारे जहाँ से न्यारी थी वो।

मैं उसकी दुलारी थी, छिपाती थी मेरी हर कमी को अपने दामन में,

चूमती थी मेरे माथे को बार-बार, सबकी नज़रों से अपने आँचल में छिपाती थी।

वो जाने कहाँ चली गई, फिर कभी नहीं आई,

मैं पुकारती ही रह गई "माँ, ओ माँ, ना जा मुझे छोड़ के

अकेली मैं ना जी सकूंगी, तेरे बिना ना रह सकूंगी।

तेरे दामन को मैं ना भूला सकूंगी।"

माँ पत्थर हो गई, कठोर हो गई,

नहीं बोली वह कुछ भी मुझे यूँ ही छोड़कर चली गई वह,

मेरे सर पर हाथ नहीं फेरी वह, पूछती रह गई मैं,

क्यूँ तुम इतनी क्रूर हो गई माँ,

क्या गुनाह किया था मैनें, जो तुमने अपना दामन छुड़ा लिया।

बचपन की दहलीज़

....।

कुछ अंतराल पर........माँ की दुआ से, माँ ने भेजा एक फ़रिश्ता,

जो मेरा साथ निभाने आ गया, हर कदम, हर डगर पर साथ था वो मेरे,

पर ना जाने ज़िंदगी क्यूँ ख़फ़ा हो गई, वो भी जाने कहाँ खो गया,

मुझसे रूठकर कहाँ चला गया, ढूंढती हैं नज़रें, बिलखता है मन,

तड़पता है दिल, आंसुओं की बरसात होती है, पर उसकी आस नहीं होती है।

वो भी नहीं लौटा आज तक, पलकें बिछाए बैठी हूँ, पहले भी जैसे रोती थी, आज भी वैसे रोती हूँ, भारी होती पलकें,

गालों पर ढलकते आंसुओं से रैन बीती जाती है, गीले सिरहाने में ही फिर सुबह हो जाती है, पलकें खुली की खुली निस्तब्ध आसमाँ से कुछ कहती जाती हैं,

मैं आज भी वैसे ही सिसकती हूँ, सुबकती हूँ, ऐ ख़ुशी तेरी तलाश में भटकती हूँ, कहाँ चले गए वो दिन, कहाँ गईं वो खुशियाँ, जब हम हँसते-खिलखिलाते थे, हम प्यार में यूँ ही इतराते थे, कहाँ खो गया वो, कहाँ खो गया वो, मैं अकेली आज भी अकेली... नहीं समझ सकी, ऐ ज़िंदगी, तू है क्यूँ इतनी अकेली।

ऐ ज़िन्दगी तू सज़ाए ज़िन्दगी , क्यूँ बन गई , तू मुझसे इतनी ख़फ़ा क्यूँ हो गई?

मैं अकेली ....नितांत अकेली क्यूँ हो गई

क्यूँ नहीं देती तू साथ मेरा मुझसे इतनी ख़फ़ा क्यूँ हो गई?

तू सज़ा-ए-ज़िंदगी क्यूँ हो गई

................................?

मेरी तन्हाई और मैं

बस अब चुप सी हो गई हूँ, खुद में ही खो गई हूँ।

इन्ही तन्हाइयों और खामोशियों में, यूँ ही खो जाना चाहती हूँ।

औरों से अधिक ये साथ निभाती है मेरा,

हर पल, हर कदम पर, साथ निभाती है मेरा।

साथी बन गई है ये मेरी, बस ये ही सिर्फ मुझसे प्यार करती है।

हर पल मेरे साथ जो होती है, बन आँसुओं की धार धो देती है दुःख सारा।

जो सुन ना सके कोई वहाँ साथ निभाती है ये मेरा।

सुनती रहती हैं अंतस की आवाज़ों को,

सब कुछ अपने में ही कुछ ऐसा समेट लेती है,

ना कहती है किसी से कुछ कम से कम रोने में मेरा साथ तो देती है।

सिर्फ ये ही मुझसे प्यार करती है।

प्यार-स्नेह

नहीं है कोई पथ निर्धारित, नहीं है कोई नियम बना,

कितने भी गहरे रहें गर्त, हर जगह प्यार जा सकता है।

जो गिरे हुए को उठा सके, इससे प्यारा कुछ जतन
नहीं।

दे प्यार उठा पाए न जिसे, इतना गहरा कुछ पतन
नहीं।

जो चला गया, वह कभी नहीं आ सकता है,

देकर अंतस का नेह उसे कुछ तो लौटा सकता है।

रोते का जो आँसू पोछे, उससे अच्छा कुछ धर्म नहीं,

निश्छल, निस्वार्थ जो प्यार करे, उससे अच्छा कोई
कर्म नहीं।

भीड़ भरी इस दुनिया में, स्नेह नहीं सभी दे सकते हैं,

धनी और बलवान वही, जो प्यार किसी को दे सकते
हैं।

जो बीत गया वो नहीं मिला, जो है उसको तो पा सकते हैं,
नेह और सहयोग की एक धार बना सकते हैं।

ऐ ज़िंदगी

जाने क्यूँ आज मन बहुत उदास था.........।

पलटकर देखा तो, न ही कोई आस-पास था,

तन्हाइयाँ ही तन्हाइयाँ थीं सिर्फ़, न ही कोई मेरे पास

था।

अकेले में जाने कहाँ खो गए हम, जाने क्यूँ मन इतना

उदास था।

सोचती हूँ, और जाने कहाँ, किस मोड़ पर रुलाएगी

ज़िंदगी,

नाराज़ हूँ खुद से कि, क्यूँ ईमानदार हूँ,

क्यूँ नहीं बन सकी मैं भी, कि जी लेती फरेब सी

ज़िंदगी।

कब तक पहनेंगे झूठी हँसी के मुखौटे,

अपनी ही आँखों में धूल सी झोंकती लगने लगी है
ज़िंदगी।
तन्हाइयों सी सनसनाती और कितना रुलाएगी ये
ज़िंदगी?
कितने नाज़ों से पली थी, माँ ने कितना संभाला था,
बड़े प्यार से पाला था,
क्या पता था इतने संघर्षों से जुझाएगी ज़िंदगी।
तन्हाइयों सी सनसनाती और कितना रुलाएगी
ज़िंदगी।
संसार है कितना बड़ा, फिर भी वीरान लगती है
ज़िंदगी।

ऐ कविता! तू ही मेरी संगिनी है,
आत्मा की गहराई तक उतर अभिव्यक्ति बन बरसती
है ज़िंदगी।
चाहत नहीं अब सजाऊँ नए सपने, करूँ श्रृंगार
जवाहरातों के,
संग लेकर चले हाथ कोई, स्नेह से सिर पर हाथ फेरे
कोई,
प्रेम की अब आस नहीं ऐ ज़िन्दगी! ईमान की राह पर
रुलाती ज़िंदगी।
बस इतनी सी भी फ़रियाद नहीं अब ज़िंदगी।
और अब कितना रुलाएगी तू, ऐ ज़िंदगी!

क्या लिखूँ?

कितना भी लिखूँ, कुछ भी लिखूँ,

गागर में सागर लिखूँ, या अंतस की आवाज़

या फिर मन के उदगार लिखूँ।

आत्माभिव्यक्ति करूँ, दर्द लिखूँ या मुस्कान लिखूँ,

लिखूँ चाहे जितना भी, पर तुम रहोगे अपरिभाषित।

अनकही सी आवाज़ हो तुम,

अंतस का गीत और हृदय की झंकार हो तुम।

गीत हो, हृदय का संगीत हो तुम,

बिखरे दिल की प्रीति हो तुम,

राग हो, आलाप हो, नाद हो तुम,

शुष्क अधरों पर बिखरती मुस्कान हो तुम।

आस हो, विश्वास हो, अदृश्य प्यार,

मेरे जिगर में एक आभास हो तुम।

अभिलाष, एहसास हो तुम,

नेह का प्रीति राग हो तुम,
हृदय में खनकती आवाज़ हो तुम।
अनकहा, अव्यक्त प्यार हो तुम।
क्या लिखूँ ,कैसे लिखूँ।
क्यूँ जुड़े हैं तार तुमसे,
अनोखा प्रश्नचिंह हो तुम,
अनकही सी दास्तान,
मेरा अमर प्यार हो तुम।
क्यूँ बंधे हैं तार तुमसे,
आत्मा में वह प्रश्नचिंह हो तुम।
हर कदम, हर सोच में,
कल्पनाओं में साथ हो तुम।
लिखूँ तो क्या लिखूँ, मेरा अधूरा प्यार हो तुम।

दृष्टि

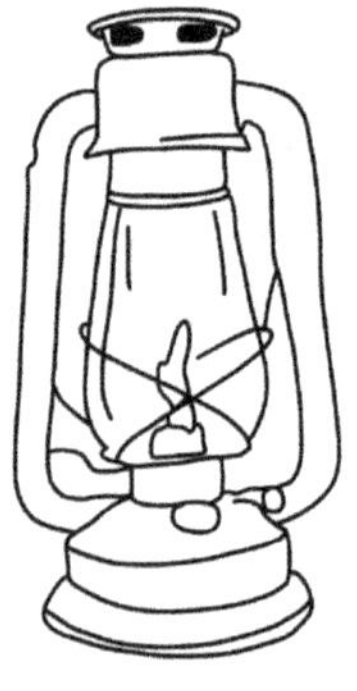

निहारती हूँ, सोचती हूँ,
बस शून्य में ही देखती हूँ।
सोचती हूँ कुछ लिखती रहूँ,
समसामयिक विचारों को,
शब्दों में यूँ ही बुनती रहूँ।
करूँ सृजन कुछ कालजयी
मैं एक दिन यदि न रहूँ,
फिर भी जग को कुछ कहूँ।
बने यह कृति अनूठी,
जो कभी न हो झूठी।
पढ़ेंगे बच्चे, पलटेंगे कृतियों के पन्ने,
सहेजेंगे एक अमूल्य धरोहर सी,

आँखें होंगी उनकी नम सरोवर सी।
कुल वंशी की विरासत सी,
माँ की अनोखी व्युत्पत्ति सी।
उस समय भी ये लगेंगे सत्य,
जीवन से जुड़े अनोखे तथ्य।
जो आज है वह कल भी रहेगा,
गूढ़ प्रश्न है क्या यह सब उन्होंने भी देखा था?
निहारती हूँ, सोचती हूँ,
बस शून्य में ही देखती हूँ।
लिखती रहूँ, कुछ करती रहूँ,
समय के साथ बस चलती रहूँ।

अंतस की पीड़ा

रहूँ कहीं भी, कहीं भी जाऊँ

नज़रों में बस तुम ही बसते हो, ये दुनिया ही बेगानी लगती है

बस तुम ही अपने लगते हो, इस नादान दिल ने सिर्फ तुमसे ही इज़हार किया है

दिल ही दिल में सिर्फ तुमसे ही प्यार किया है।

रहूँ कहीं भी, जहाँ भी जाऊँ।

नहीं डरा वो तेरी ना से, बल्कि प्रेम और प्रगाढ़ हुआ है

चुप रहकर तुमने भी तो दिल पर कितना आघात किया है।

रो-रो कर भी दिल ने केवल तुमसे ही प्यार किया है।

क्यूंकि वह तुझसे ही जुड़ पाया है।

रहूँ कहीं भी, जहाँ भी जाऊँ।

नहीं किया अपराध भी ऐसा, तुमसे ही सच्चा प्यार
किया है।

कुछ कहने से तुम क्यूँ डरते हो, हरदम मैंने भी तो
इज़हार किया है।

नहीं और कुछ कह सकती मैं भी, मेरी भी अपनी
मर्यादा है।

कसक बची है बस इतनी सी कि अब तुम भी तो कुछ
बोलोगे।

रहूँ कहीं भी, जहाँ भी जाऊँ।

जीवन के संघर्ष क्षेत्र ने तुझसे ही मिलवाया है,

ठुकरा दिए वो सारे रिश्ते जो लोगों ने देखे थे,

नहीं किसी की चाह है दिल में, बस तुमसे ही प्यार
किया है।

रहूँ कही भी, जहाँ भी जाऊँ,

बहुत याद आती है तेरी, फिर आँखें भी भर आती हैं,

नहीं मानता ये ज़ालिम दिल बस तुम पर ही मरता है,

प्यार भरा है खूब इस दिल में, बस तुमसे ही मिलने
को रोता है।

तुम ही मेरे भगवन हो, तुम ही मेरे सपने हो,

नहीं सुनी मैंने भी किसी की, बस दिल ही की मानी है,

दिल में ही तो रब बसता है, उसने ही विश्वास दिलाया

तुम ही मेरे साथी हो, तुम ही मेरे अपने हो।

छोड़ गए अधर में फिर भी मेरा प्रेम अमर है।
रहूँ कहीं भी, जहाँ भी जाऊँ।

52

अंजना श्रीवास्तवा